Inhaltsverzeichnis

nachspuren,
schreiben, malen

erkennen

hören

lesen

Lola

Feld zum Markieren erledigter Aufgaben

1

2

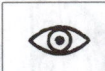

1

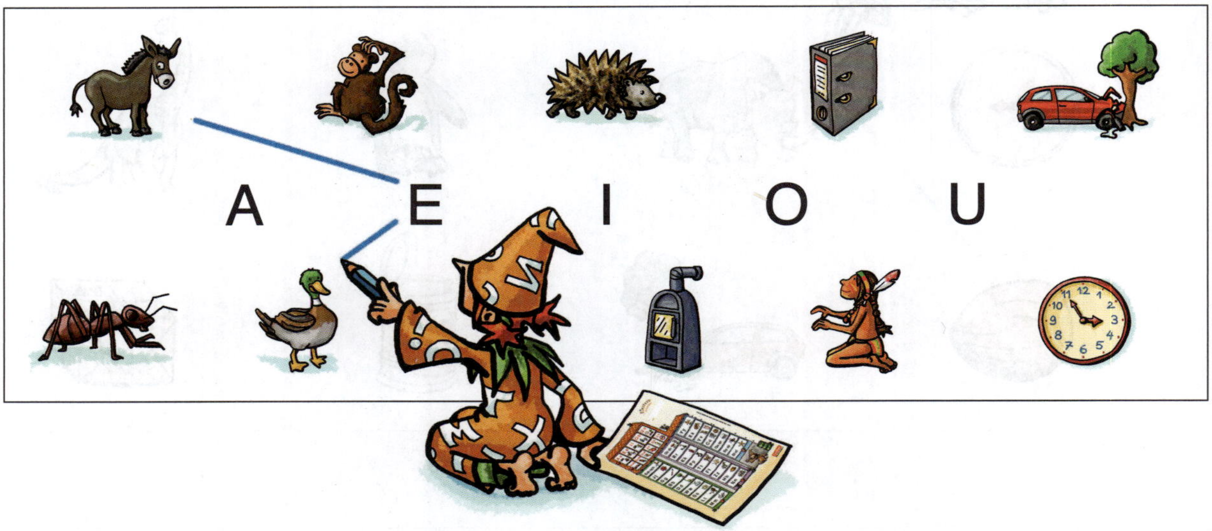

A   E   I   O   U

2

Sch

J

G

B

D

W

S

L

M

mit der Schreibtabelle vergleichen:

4 Anlautbilder mit dem passenden Buchstaben verbinden

1

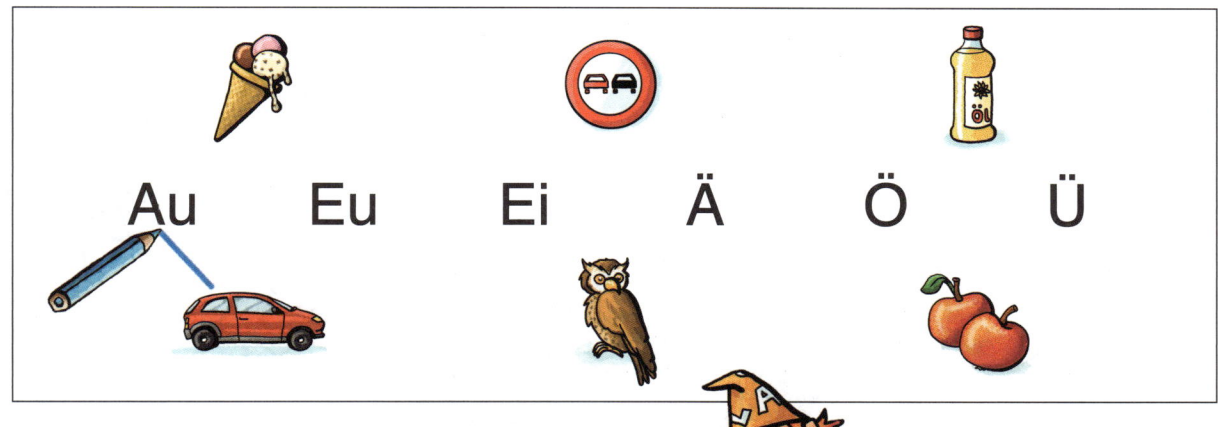

Au   Eu   Ei   Ä   Ö   Ü

2

ch
R
K
P
T
F
Z
H
N

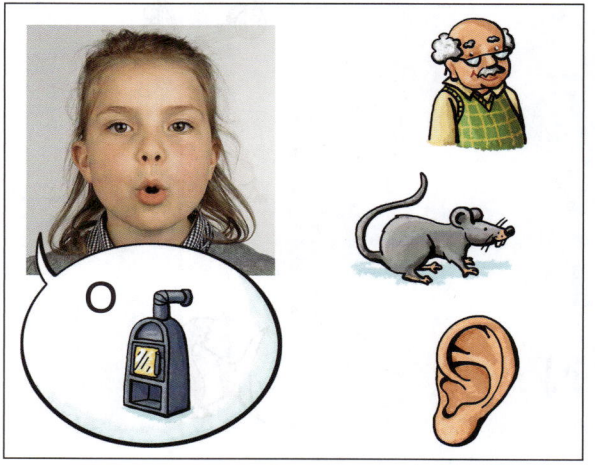

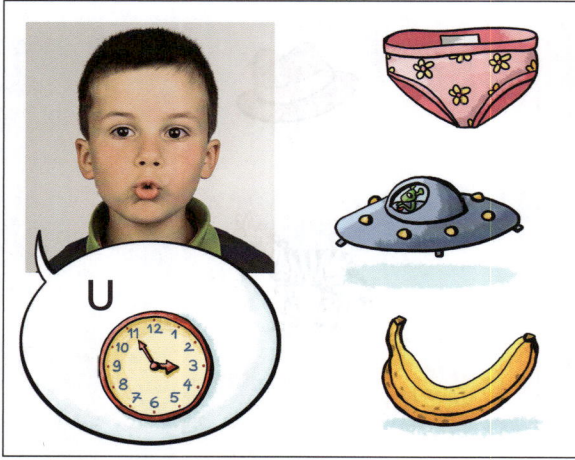

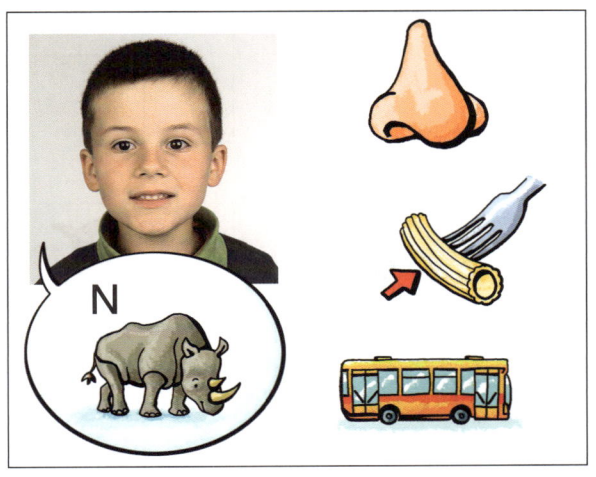 

1

mit Hilfe der Schreibtabelle Anlaute finden und notieren

1

Ä

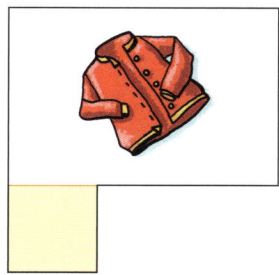

2

Eu

mit Hilfe der Schreibtabelle Anlaute finden und notieren **9**

1

  L O L A Lola

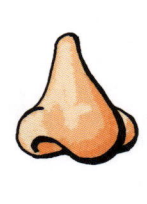 

①

Mama

②

mit Hilfe der Schreibtabelle jedem Anlautbild einen Buchstaben zuordnen, Wort schreiben;
Wort lesen und mit Bild verbinden **11**

1

_____

_____

_____

2

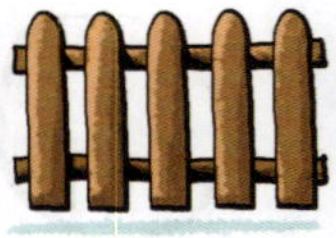

_____

_____

_____

mit Hilfe der Schreibtabelle jedem Anlautbild einen Buchstaben zuordnen, Wort schreiben;
Wort lesen und mit Bild verbinden

1

LOLA

Wörter in Laute zerlegen und schreiben: Für jeden Laut einen Punkt notieren;
für jeden Laut mit Hilfe der Schreibtabelle einen Buchstaben schreiben

1

• • • • •

WOLKE

2

• • •

Sch

SCHWERT

selbst ausgewählte Wörter verschriften

Nikolaus

①

Sch_____ _____ _____

②

1

_____ _____ _____

2

Mein Wunschzettel

_____

_____

_____

_____

_____

_____

aufschreiben, was in den Geschenken sein könnte;
eigene Wünsche notieren (und malen)

Winter

1

1

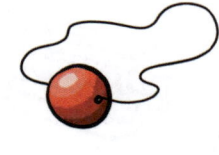

2

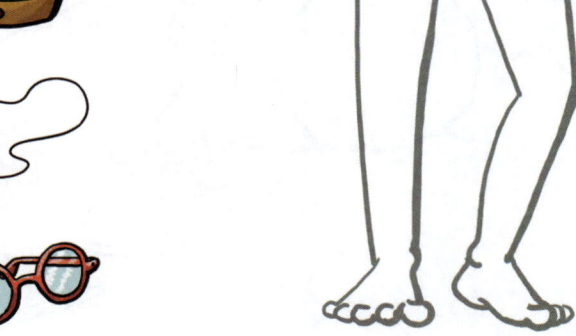

Ostern

1

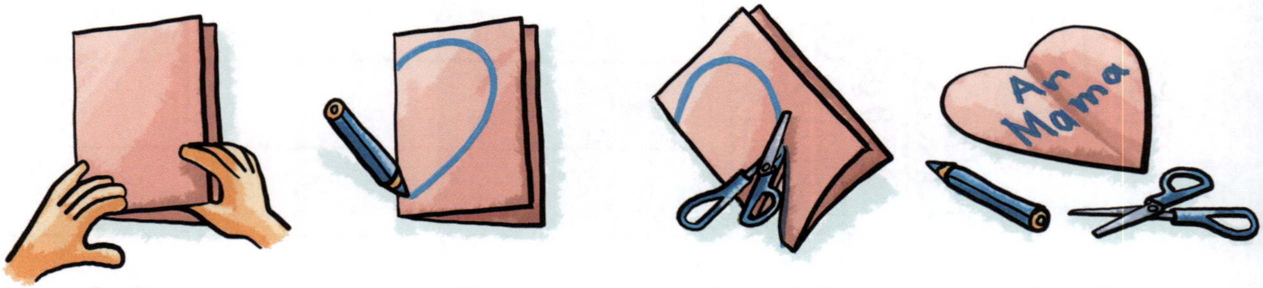

falten   malen   schneiden   schreiben

Mein Lieblingsbuch

1

Titel

Autor

Bild

2 Ich mag das Buch, weil

Ferien

1

Wem willst du schreiben?

Name
Straße
Ort
Land